AF220451

Impressum
Verlag: BABADADA GmbH, Nedderfeld 112 , 22529 Hamburg
Geschäftsführer / Verlagsleitung: Harald Hof
Druck: Books on Demand GmbH, In de Tarpen 42, 22848 Norderstedt

Imprint
Publisher: BABADADA GmbH, Nedderfeld 112 , 22529 Hamburg, Germany
Managing Director / Publishing direction: Harald Hof
Print: Books on Demand GmbH, In de Tarpen 42, 22848 Norderstedt, Germany

1

die Schule

школа

das Klassenzimmer
классная комната

dividieren
делить

186/2

die Tafel
доска

der Schulhof
школьный двор

der Lehrer
учитель

das Papier
бумага

schreiben
писать

der Stift
ручка

der Schreibtisch
письменный стол

das Lineal
линейка

das Buch
книга

die Schüler
ученик

der Ranzen

ранец

die Federmappe

пенал

der Bleistift

карандаш

der Bleistiftanspitzer

точилка

das Radiergummi

ластик

der Zeichenblock

альбом для рисования

die Zeichnung

рисунок

der Pinsel

кисточка

der Malkasten

коробка красок

die Schere

ножницы

der Klebstoff

клей

das Übungsheft

тетрадь

die Hausaufgabe

домашняя работа

die Zahl

цифра

addieren

прибавлять

subtrahieren

вычитать

multiplizieren

умножать

rechnen

считать

der Buchstabe

буква

das Alphabet

алфавит

das Wort

слово

der Text

текст

lesen

читать

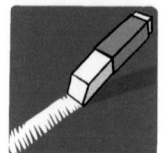

die Kreide

мел

die Stunde

урок

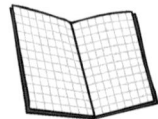

das Klassenbuch

классный журнал

die Prüfung

экзамен

das Zeugnis

диплом

die Schuluniform

школьная форма

die Ausbildung

образование

das Lexikon

энциклопедия

die Universität

университет

das Mikroskop

микроскоп

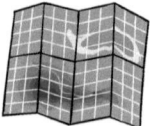

die Karte

карта

der Papierkorb

корзина для бумаг

die Reise

путешествие

das Hotel
гостиница
Grand
die Herberge
турбаза
ROOMS
EXCHANGE
die Wechselstube
пункт обмена валюты
der Koffer
чемодан
das Auto
автомобиль

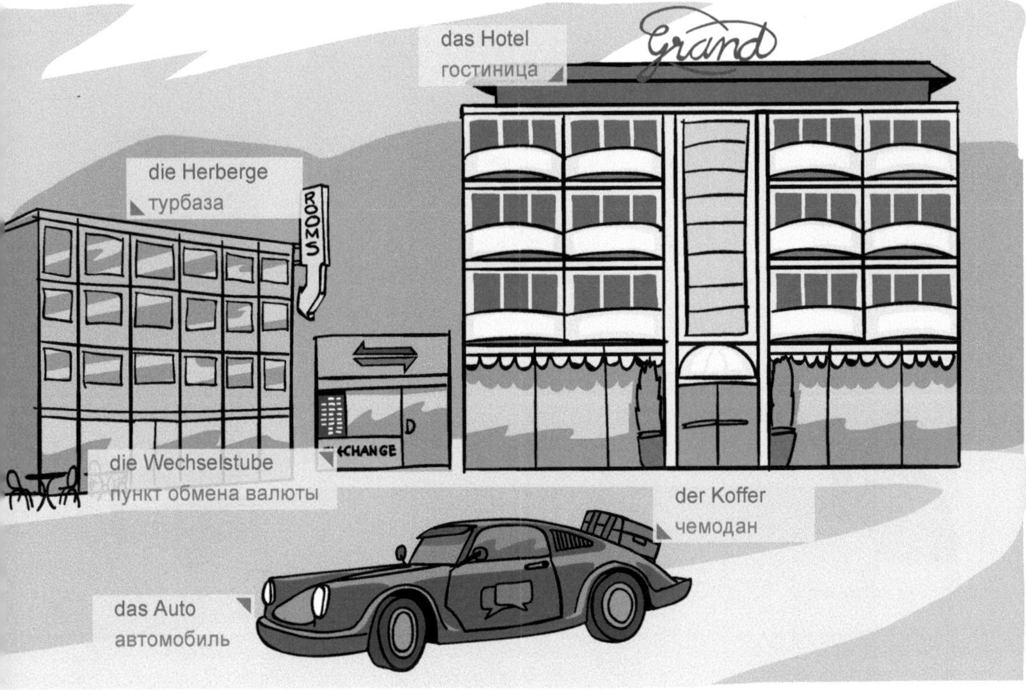

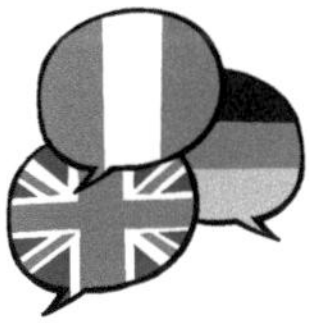

die Sprache

язык

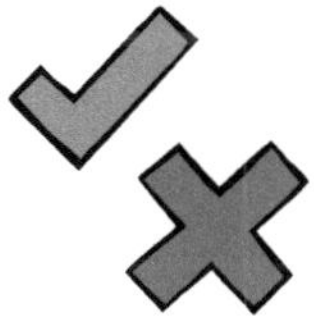

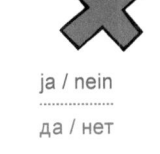

ja / nein

да / нет

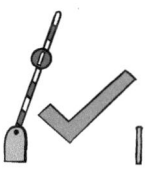

Okay

хорошо

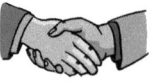

Hallo

Привет

der Übersetzer

переводчик

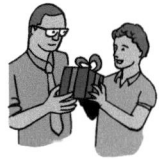

Danke

Спасибо

Was kostet...?

Сколько стоит...?

Ich verstehe nicht

Я не понимаю

das Problem

проблема

Guten Abend!

Добрый вечер!

Guten Morgen!

Доброе утро!

Gute Nacht!

Доброй ночи!

Auf Wiedersehen

До свидания

die Richtung

направление

das Gepäck

багаж

die Tasche

сумка

der Rucksack

рюкзак

der Gast

гость

das Zimmer

комната

der Schlafsack

спальный мешок

das Zelt

палатка

die Reise - путешествие

die Touristeninformation

туристическая
информация

der Strand

пляж

die Kreditkarte

кредитная карточка

das Frühstück

завтрак

das Mittagessen

обед

das Abendessen

ужин

die Fahrkarte

билет

der Fahrstuhl

лифт

die Briefmarke

почтовая марка

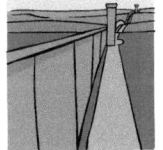

die Grenze

граница

der Zoll

таможня

die Botschaft

посольство

das Visum

виза

der Pass

паспорт

die Reise - путешествие

7

der Transport
транспорт

das Flugzeug
самолёт

das Schiff
корабль

das Feuerwehrauto
пожарный автомобиль

der Bus
автобус

der Lastwagen
грузовик

das Motorboot
моторная лодка

das Fahrrad
велосипед

das Auto
автомобиль

die Fähre

паром

das Boot

лодка

das Motorrad

мотоцикл

das Polizeiauto

полицейский автомобиль

das Rennauto

гоночный автомобиль

der Mietwagen

арендованный
автомобиль

das Carsharing

совместное пользование автомобилями

der Abschleppwagen

буксировочный автомобиль

das Müllauto

мусоровоз

der Motor

двигатель

der Kraftstoff

топливо

die Tankstelle

заправка

das Verkehrsschild

дорожный знак

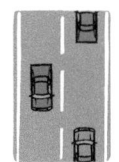

der Verkehr

движение

der Stau

пробка

der Parkplatz

автостоянка

der Bahnhof

вокзал

die Schienen

рельсы

der Zug

поезд

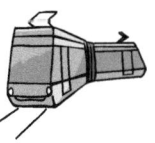

die Straßenbahn

трамвай

der Wagon

вагон

der Helikopter

вертолёт

der Flughafen

аэропорт

der Tower

вышка

der Passagier

пассажир

der Container

контейнер

der Karton

коробка

der Karren

тележка

der Korb

корзина

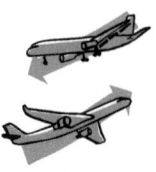

starten / landen

взлетать / приземляться

die Stadt

город

das Dorf

деревня

das Stadtzentrum

центр города

das Haus

дом

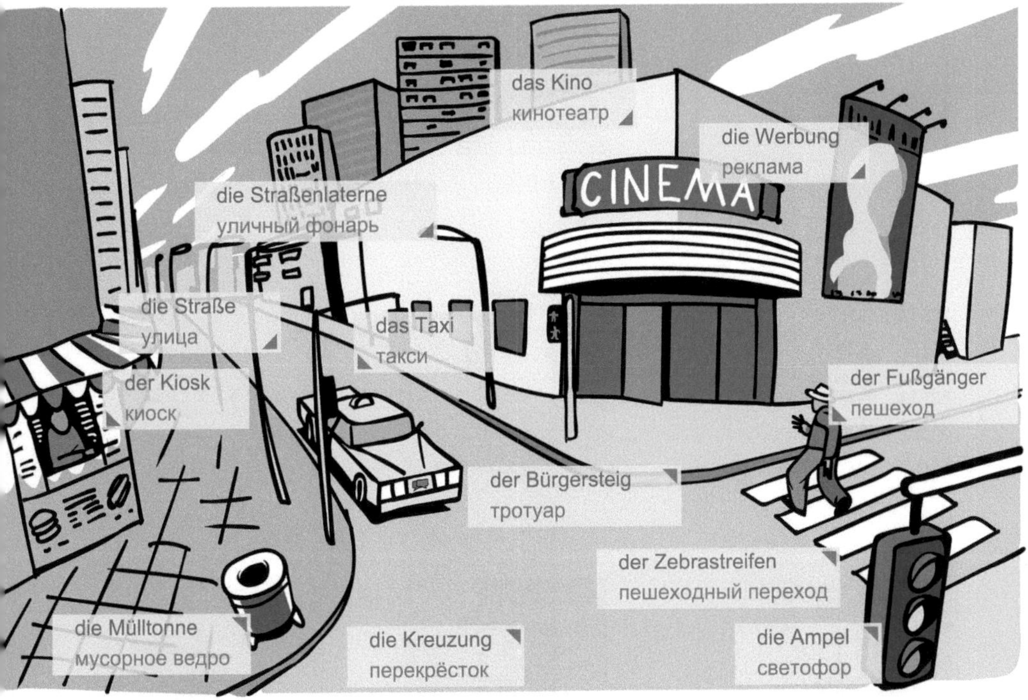

das Kino
кинотеатр

die Werbung
реклама

die Straßenlaterne
уличный фонарь

CINEMA

die Straße
улица

das Taxi
такси

der Kiosk
киоск

der Fußgänger
пешеход

der Bürgersteig
тротуар

der Zebrastreifen
пешеходный переход

die Mülltonne
мусорное ведро

die Kreuzung
перекрёсток

die Ampel
светофор

die Hütte
хижина

die Wohnung
квартира

der Bahnhof
вокзал

das Rathaus
ратуша

das Museum
музей

die Schule
школа

die Universität

университет

die Bank

банк

das Krankenhaus

больница

das Hotel

гостиница

die Apotheke

аптека

das Büro

офис

die Buchhandlung

книжный магазин

das Geschäft

магазин

der Blumenladen

цветочный магазин

der Supermarkt

супермаркет

der Markt

рынок

das Kaufhaus

универмаг

der Fischhändler

торговец рыбой

das Einkaufszentrum

торговый центр

der Hafen

порт

der Park

парк

die Bank

скамейка

die Brücke

мост

die Treppe

лестница

die U-Bahn

метро

der Tunnel

тоннель

die Bushaltestelle

автобусная остановка

die Bar

бар

das Restaurant

ресторан

der Briefkasten

почтовый ящик

das Straßenschild

табличка с названием улицы

die Parkuhr

паркометр

der Zoo

зоопарк

die Badeanstalt

бассейн

die Moschee

мечеть

der Bauernhof

ферма

die Umweltverschmutzung

загрязнение окружающей среды

der Friedhof

кладбище

die Kirche

церковь

der Spielplatz

детская площадка

der Tempel

храм

die Landschaft
ландшафт

das Blatt — лист

der Wegweiser — дорожный указатель

der Weg — дорога

die Wiese — луг

der Stein — камень

der Wanderer — путешественник

der Baum — дерево

der Fluss — река

das Gras — трава

die Blume — цветок

das Tal

долина

der Berg

гора

der See

озеро

der Wald

лес

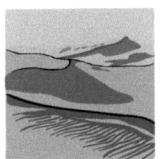

die Wüste

пустыня

der Vulkan

вулкан

das Schloss

замок

der Regenbogen

радуга

der Pilz

гриб

die Palme

пальма

der Moskito

комар

die Fliege

муха

die Ameise

муравей

die Biene

пчела

die Spinne

паук

die Landschaft - ландшафт

der Käfer

жук

der Frosch

лягушка

das Eichhörnchen

белка

der Igel

еж

der Hase

заяц

die Eule

сова

die Vogel

птица

der Schwan

лебедь

das Wildschwein

кабан

der Hirsch

олень

der Elch

лось

der Staudamm

плотина

das Windrad

ветряной генератор

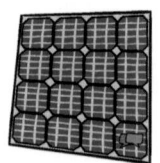

das Solarmodul

солнечная батарея

das Klima

климат

das Restaurant
ресторан

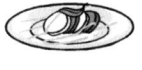

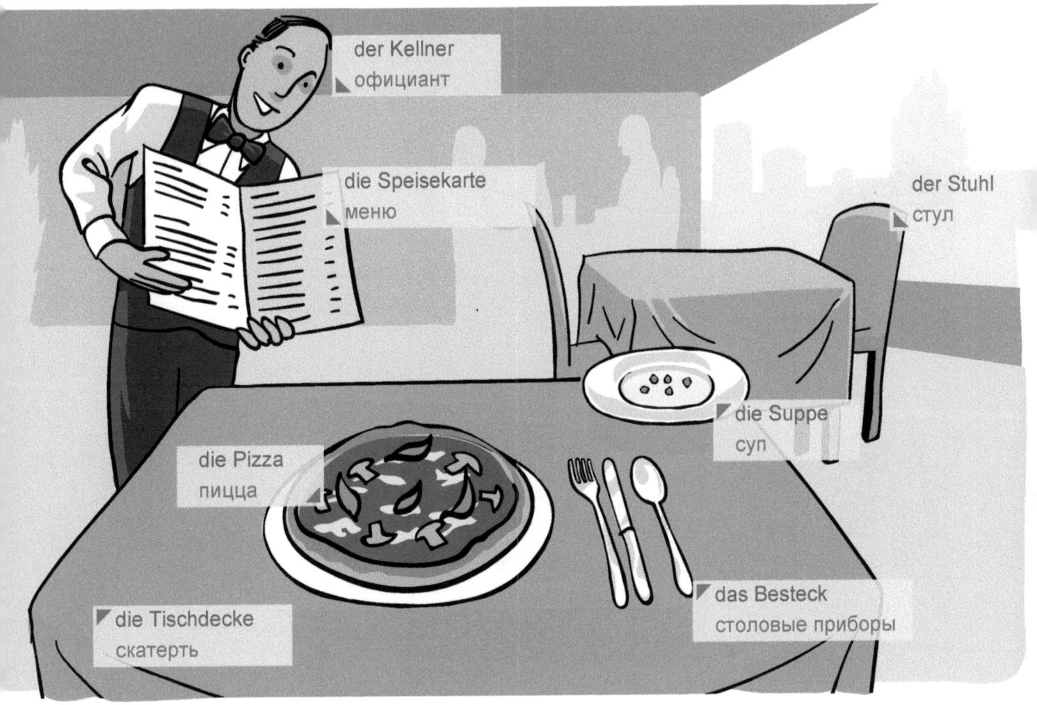

der Kellner
официант
die Speisekarte
меню
der Stuhl
стул
die Suppe
суп
die Pizza
пицца
das Besteck
столовые приборы
die Tischdecke
скатерть

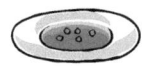

die Vorspeise
закуска

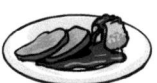

das Hauptgericht
главное блюдо

die Nachspeise
десерт

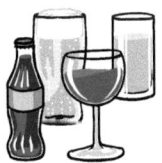

die Getränke
напитки

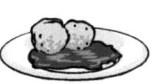

das Essen
еда

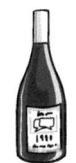

die Flasche
бутылка

das Fastfood

фастфуд

das Streetfood

уличная еда

die Teekanne

чайник

die Zuckerdose

сахарница

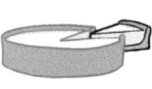

die Portion

порция

die Espressomaschine

кофеварка

der Hochstuhl

детский стульчик

die Rechnung

счет

das Tablett

поднос

das Messer

нож

die Gabel

вилка

der Löffel

ложка

der Teelöffel

чайная ложка

die Serviette

салфетка

das Glas

стакан

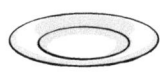

der Teller

тарелка

der Suppenteller

суповая тарелка

die Untertasse

блюдце

die Sauce

соус

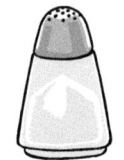

der Salzstreuer

солонка

die Pfeffermühle

мельница для перца

der Essig

уксус

das Öl

масло

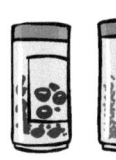

die Gewürze

специи

das Ketchup

кетчуп

der Senf

горчица

die Mayonnaise

майонез

der Supermarkt

супермаркет

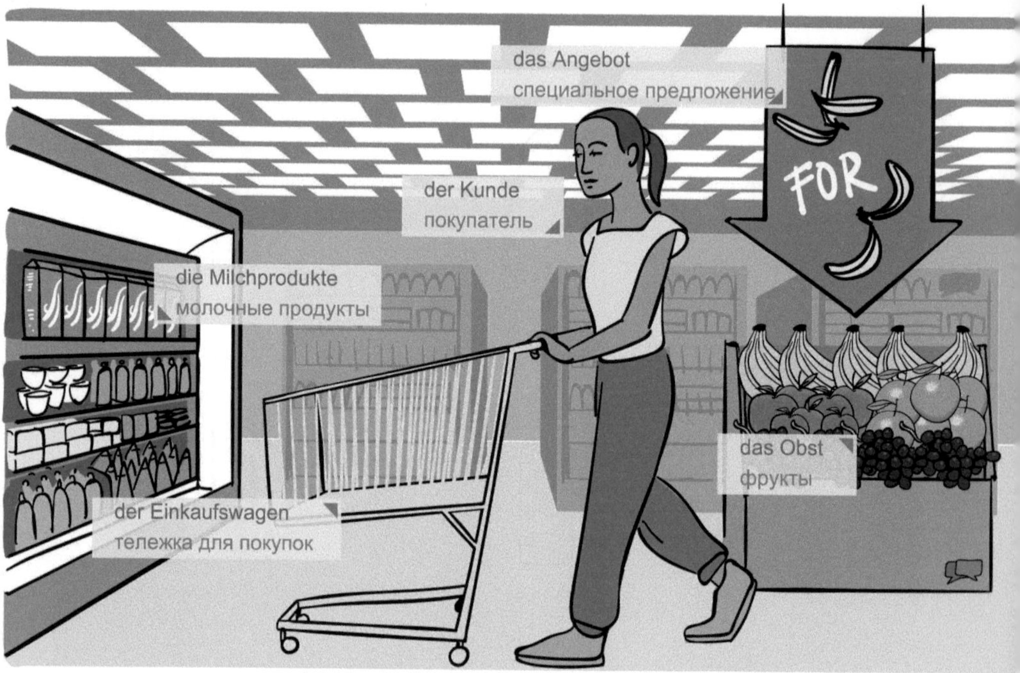

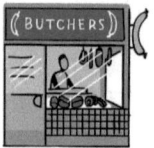

das Angebot
специальное предложение
der Kunde
покупатель
FOR
die Milchprodukte
молочные продукты
das Obst
фрукты
der Einkaufswagen
тележка для покупок

BUTCHERS

die Schlachterei

мясной магазин

BAKERY

die Bäckerei

пекарня

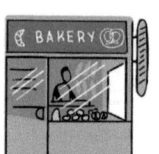

wiegen

взвешивать

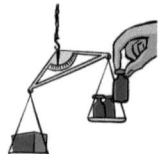

das Gemüse

овощи

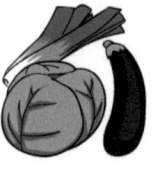

das Fleisch

мясо

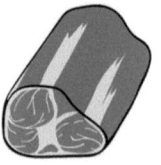

die Tiefkühlkost

быстрозамороженные продукты

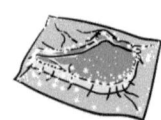

der Aufschnitt

нарезка

die Konserven

консервы

das Waschmittel

стиральный порошок

die Süßigkeiten

сладости

die Haushaltsartikel

предмет домашнего обихода

das Reinigungsmittel

моющее средство

die Verkäuferin

продавщица

die Kasse

касса

der Kassierer

кассир

die Einkaufsliste

список покупок

die Öffnungszeiten

время работы

die Brieftasche

бумажник

die Kreditkarte

кредитная карточка

die Tasche

сумка

die Plastiktüte

полиэтиленовый пакет

die Getränke
напитки

das Wasser

вода

der Saft

сок

die Milch

молоко

die Cola

кока-кола

der Wein

вино

das Bier

пиво

der Alkohol

алкоголь

der Kakao

какао

der Tee

чай

der Kaffee

кофе

der Espresso

эспрессо

der Cappuccino

капучино

die Banane

банан

der Apfel

яблоко

die Orange

апельсин

die Melone

арбуз

die Zitrone

лимон

die Karotte

морковь

der Knoblauch

чеснок

der Bambus

бамбук

die Zwiebel

лук

der Pilz

гриб

die Nüsse

орехи

die Nudeln

лапша

die Spaghetti

спагетти

der Reis

рис

der Salat

салат

die Pommes frites

картофель фри

die Bratkartoffeln

жареный картофель

die Pizza

пицца

der Hamburger

гамбургер

das Sandwich

сэндвич

das Schnitzel

шницель

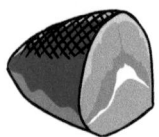

der Schinken

ветчина

die Salami

салями

die Wurst

колбаса

das Huhn

курица

der Braten

жаркое

der Fisch

рыба

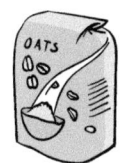

die Haferflocken

овсяные хлопья

das Müsli

мюсли

die Cornflakes

кукурузные хлопья

das Mehl

мука

das Croissant

круассан

das Brötchen

булочка

das Brot

хлеб

der Toast

тост

die Kekse

печенье

die Butter

масло

der Quark

творог

der Kuchen

пирог

das Ei

яйцо

das Spiegelei

яичница

der Käse

сыр

die Eiscreme

мороженое

der Zucker

сахар

der Honig

мёд

die Marmelade

мармелад

die Nougat-Creme

крем с нугой

das Curry

карри

der Bauernhof

ферма

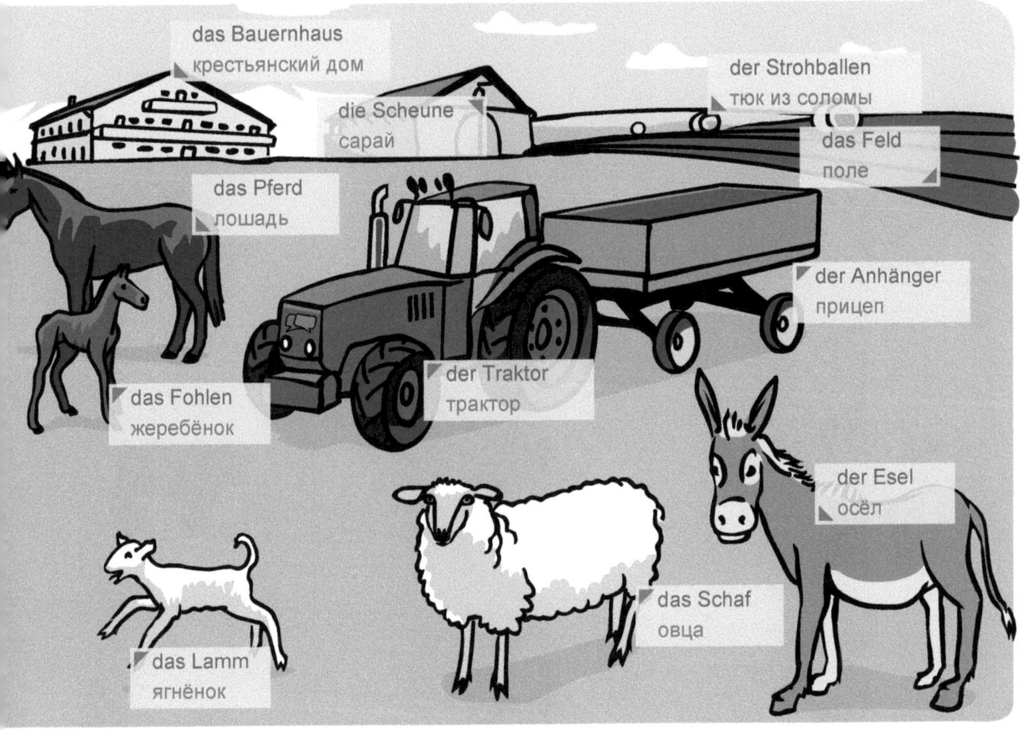
das Bauernhaus
крестьянский дом
die Scheune
сарай
der Strohballen
тюк из соломы
das Feld
поле
das Pferd
лошадь
der Anhänger
прицеп
das Fohlen
жеребёнок
der Traktor
трактор
der Esel
осёл
das Schaf
овца
das Lamm
ягнёнок

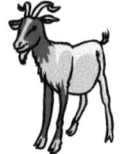

die Ziege

коза

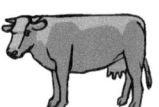

die Kuh

корова

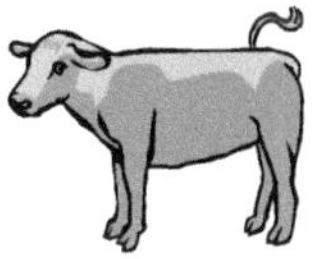

das Kalb

телёнок

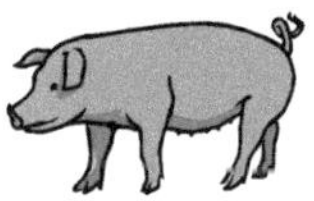

das Schwein

свинья

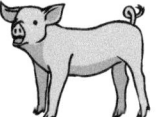

das Ferkel

поросёнок

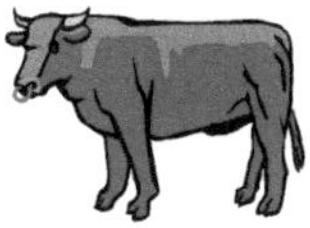

der Bulle

бык

die Gans

гусь

die Ente

утка

das Küken

цыплёнок

das Huhn

курица

der Hahn

петух

die Ratte

крыса

die Katze

кошка

die Maus

мышь

der Ochse

вол

der Hund

собака

die Hundehütte

конура

der Gartenschlauch

садовый шланг

die Gießkanne

лейка

die Sense

коса

der Pflug

плуг

die Sichel

серп

die Hacke

мотыга

die Mistgabel

навозные вилы

die Axt

топор

die Schubkarre

тачка

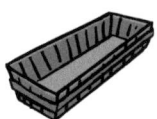

der Trog

корыто

die Milchkanne

бидон для молока

der Sack

мешок

der Zaun

забор

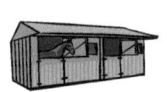

der Stall

хлев

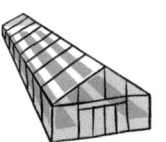

das Treibhaus

теплица

der Boden

почва

die Saat

посев

der Dünger

удобрение

der Mähdrescher

комбайн

ernten

собирать урожай

die Ernte

урожай

die Yamswurzel

ямс

der Weizen

пшеница

das Soja

соя

die Kartoffel

картофель

der Mais

кукуруза

der Raps

рапс

der Obstbaum

фруктовое дерево

der Maniok

маниок

das Getreide

злаки

das Haus

дом

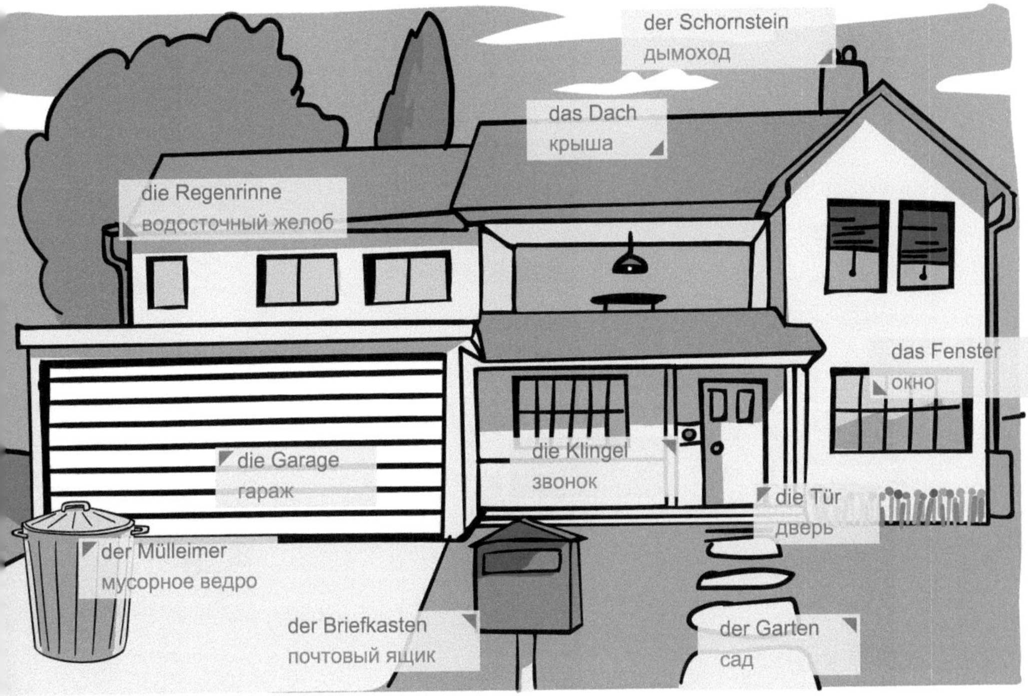

der Schornstein
дымоход
das Dach
крыша
die Regenrinne
водосточный желоб
das Fenster
окно
die Klingel
звонок
die Garage
гараж
die Tür
дверь
der Mülleimer
мусорное ведро
der Briefkasten
почтовый ящик
der Garten
сад

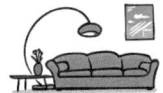

das Wohnzimmer

гостиная

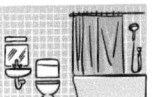

das Badezimmer

ванная комната

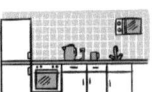

die Küche

кухня

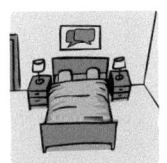

das Schlafzimmer

спальня

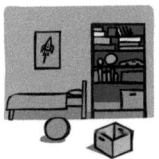

das Kinderzimmer

детская комната

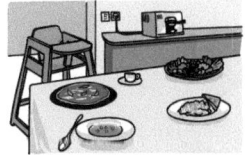

das Esszimmer

столовая

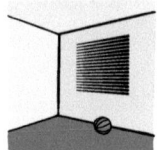

der Boden

пол

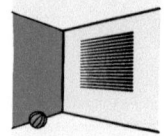

die Wand

стена

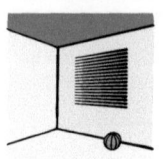

die Decke

потолок

der Keller

подвал

die Sauna

сауна

der Balkon

балкон

die Terrasse

терраса

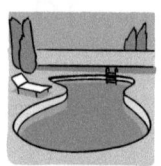

das Schwimmbad

бассейн

der Rasenmäher

газонокосилка

der Bettbezug

пододеяльник

die Bettdecke

покрывало

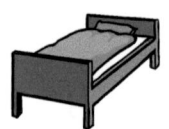

das Bett

кровать

der Besen

метла

der Eimer

ведро

der Schalter

выключатель

das Wohnzimmer

гостиная

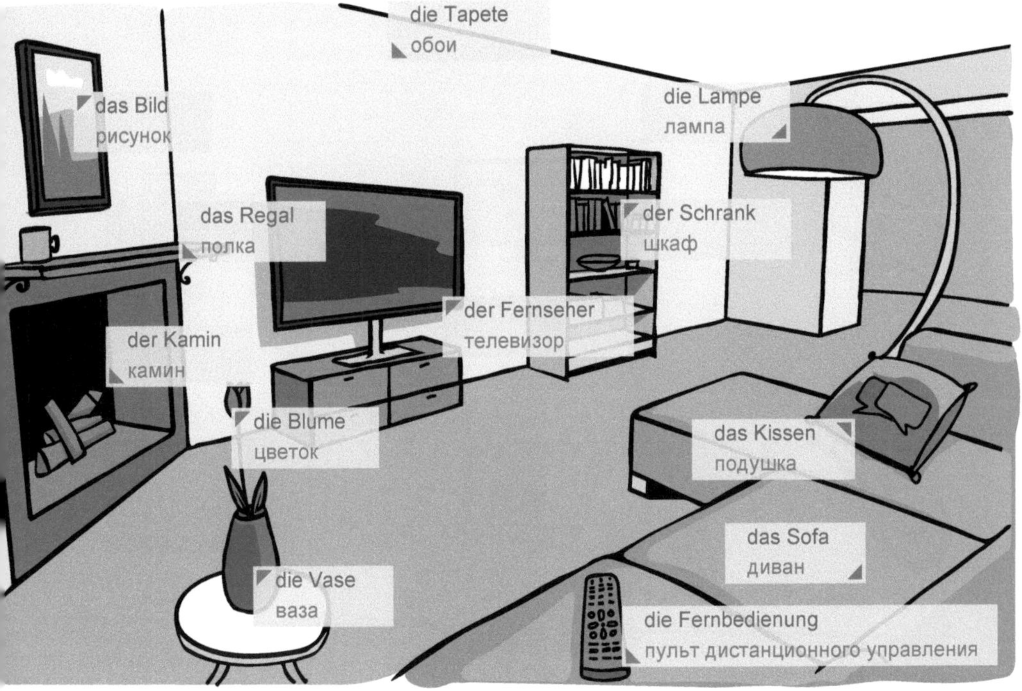
die Tapete
обои
das Bild
рисунок
die Lampe
лампа
das Regal
полка
der Schrank
шкаф
der Fernseher
телевизор
der Kamin
камин
die Blume
цветок
das Kissen
подушка
das Sofa
диван
die Vase
ваза
die Fernbedienung
пульт дистанционного управления

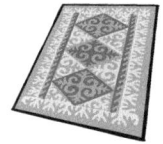

der Teppich

ковёр

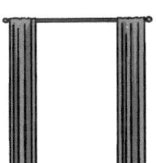

der Vorhang

штора

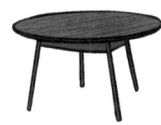

der Tisch

стол

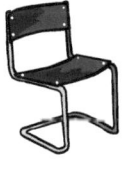

der Stuhl

стул

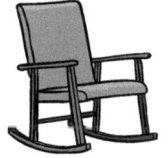

der Schaukelstuhl

кресло-качалка

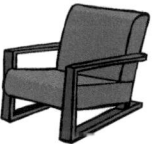

der Sessel

кресло

das Buch

книга

die Decke

покрывало

die Dekoration

украшение

das Feuerholz

дрова

der Film

фильм

die Stereoanlage

стереосистема

der Schlüssel

ключ

die Zeitung

газета

das Gemälde

картина

das Poster

плакат

das Radio

радио

der Notizblock

блокнот

der Staubsauger

пылесос

der Kaktus

кактус

die Kerze

свеча

die Küche

кухня

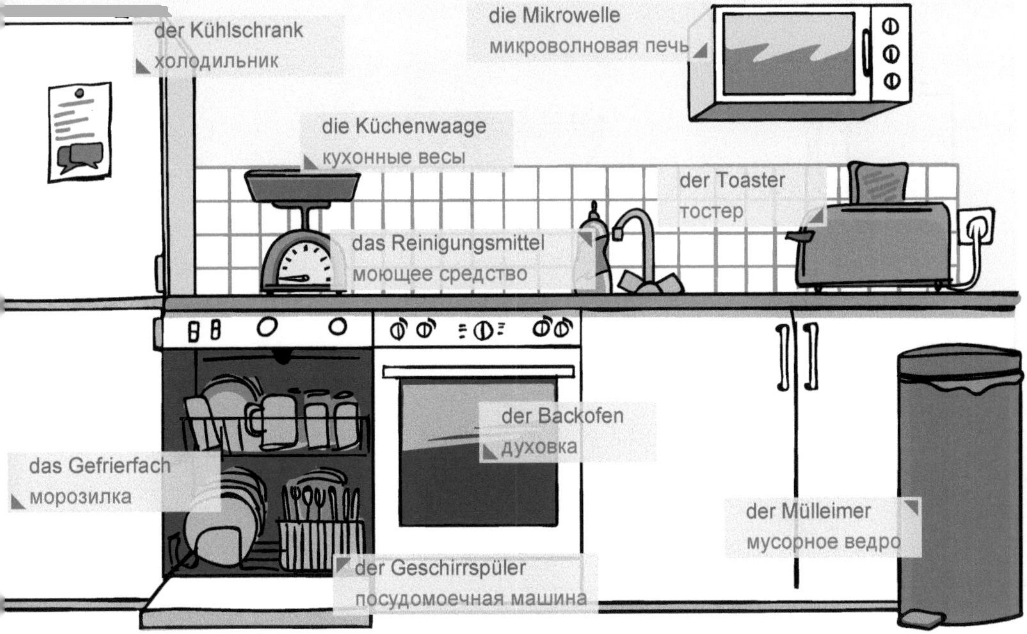

der Kühlschrank
холодильник
die Mikrowelle
микроволновая печь
die Küchenwaage
кухонные весы
der Toaster
тостер
das Reinigungsmittel
моющее средство
der Backofen
духовка
das Gefrierfach
морозилка
der Mülleimer
мусорное ведро
der Geschirrspüler
посудомоечная машина

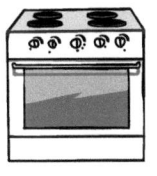

der Herd

плита

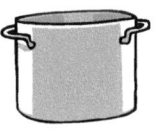

der Topf

кастрюля

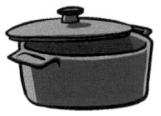

der Eisentopf

чугунный котелок

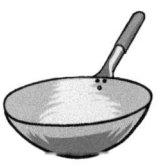

der Wok / Kadai

вок / кадай

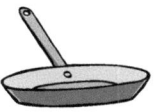

die Pfanne

сковорода

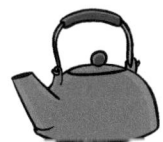

der Wasserkocher

чайник

der Dampfgarer

пароварка

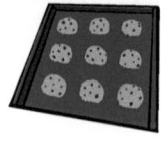

das Backblech

противень

das Geschirr

посуда

der Becher

кружка

die Schale

миска

die Essstäbchen

палочки для еды

die Suppenkelle

половник

der Pfannenwender

лопатка

der Schneebesen

сбивалка

das Kochsieb

сито

das Sieb

сито

die Reibe

тёрка

der Mörser

ступка

der Grill

гриль

die Feuerstelle

костёр

das Schneidebrett

доска

das Nudelholz

скалка

der Korkenzieher

штопор

die Dose

жестяная банка

der Dosenöffner

консервный нож

der Topflappen

прихватка

das Waschbecken

раковина

die Bürste

щетка

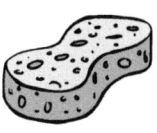

der Schwamm

губка

der Mixer

миксер

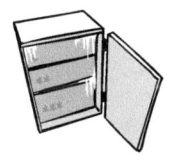

die Gefriertruhe

морозильная камера

die Babyflasche

бутылочка для кормления

der Wasserhahn

кран

das Badezimmer
ванная комната

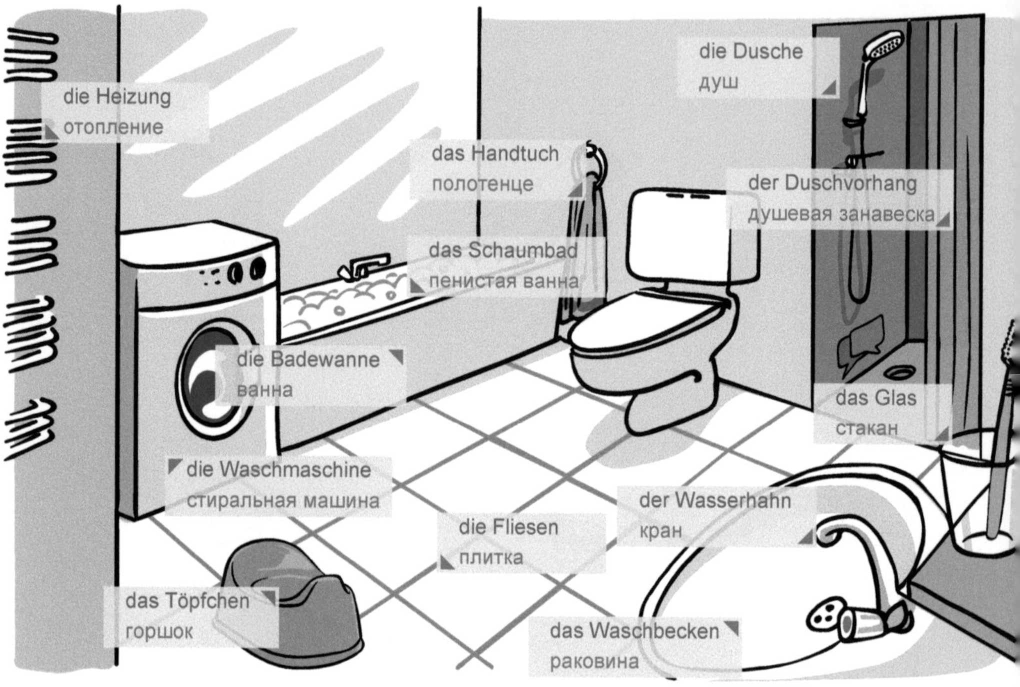

die Dusche
душ

die Heizung
отопление

das Handtuch
полотенце

der Duschvorhang
душевая занавеска

das Schaumbad
пенистая ванна

die Badewanne
ванна

das Glas
стакан

die Waschmaschine
стиральная машина

die Fliesen
плитка

der Wasserhahn
кран

das Töpfchen
горшок

das Waschbecken
раковина

die Toilette
туалет

die Hocktoilette
напольный унитаз

das Bidet
биде

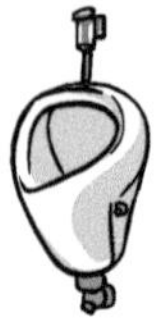

das Pissoir
писсуар

das Toilettenpapier
туалетная бумага

die Toilettenbürste
ершик

die Zahnbürste

зубная щетка

die Zahnpasta

зубная паста

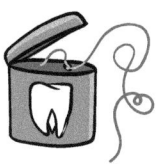

die Zahnseide

зубная нить

waschen

мыть

die Handbrause

ручной душ

die Intimdusche

интимный душ

die Waschschüssel

таз

die Rückenbürste

щетка для спины

die Seife

мыло

das Duschgel

гель для душа

das Shampoo

шампунь

der Waschlappen

мочалка

der Abfluss

сток

die Creme

крем

das Deodorant

дезодорант

der Spiegel

зеркало

der Kosmetikspiegel

ручное зеркало

der Rasierer

бритва

der Rasierschaum

пена для бритья

das Rasierwasser

лосьон после бритья

der Kamm

расческа

die Bürste

щетка

der Föhn

фен

das Haarspray

лак для волос

das Makeup

косметика

der Lippenstift

губная помада

der Nagellack

лак для ногтей

die Watte

вата

die Nagelschere

маникюрные ножницы

das Parfum

духи

der Kulturbeutel

косметичка

der Hocker

табуретка

die Waage

весы

der Bademantel

халат

die Gummihandschuhe

резиновые перчатки

das Tampon

тампон

die Damenbinde

гигиеническая прокладка

die Chemietoilette

биотуалет

das Badezimmer - ванная комната

41

das Kinderzimmer
детская комната

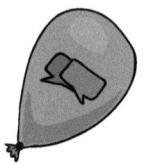

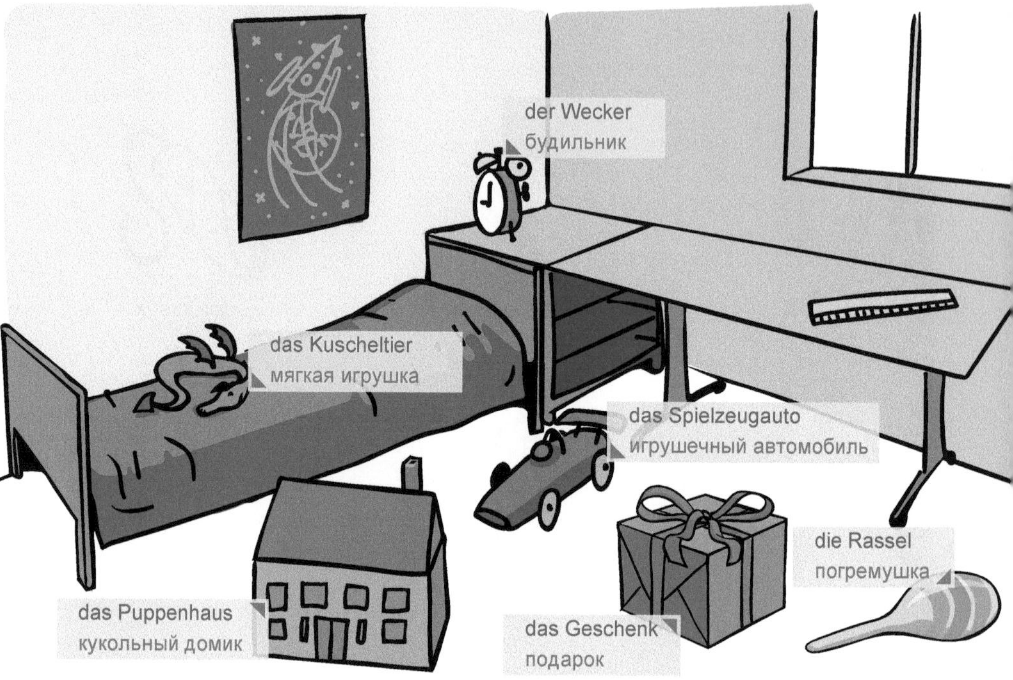
der Wecker
будильник
das Kuscheltier
мягкая игрушка
das Spielzeugauto
игрушечный автомобиль
die Rassel
погремушка
das Puppenhaus
кукольный домик
das Geschenk
подарок

der Ballon

воздушный шар

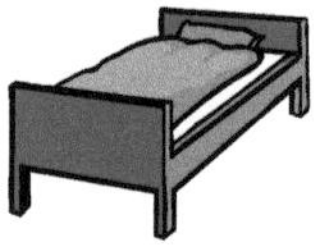

das Bett

кровать

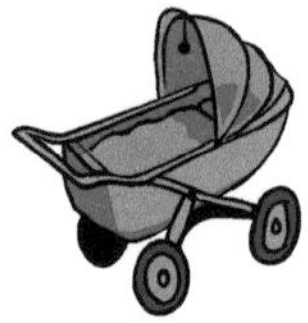

der Kinderwagen

детская коляска

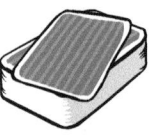

das Kartenspiel

карточная игра

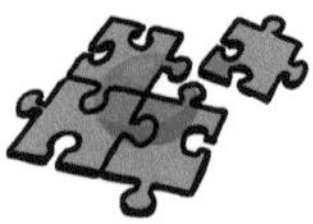

das Puzzle

пазл

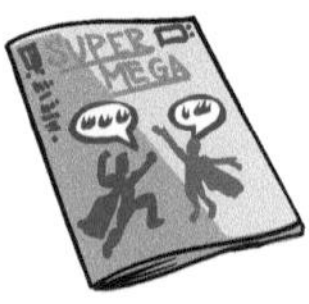
SUPER MEGA

der Comic

комикс

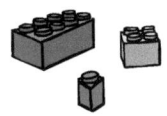

die Legosteine

кирпичики Лего

die Bausteine

кубики

die Action Figur

игрушечная фигурка

der Strampelanzug

ползунки

das Frisbee

фрисби

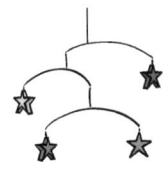

das Mobile

мобиле

das Brettspiel

настольная игра

der Würfel

кубик

die Modelleisenbahn

модель железной дороги

der Schnuller

соска

die Party

вечеринка

das Bilderbuch

книга с картинками

der Ball

мяч

die Puppe

кукла

spielen

играть

der Sandkasten

песочница

die Schaukel

качели

das Spielzeug

игрушка

die Spielkonsole

игровая приставка

das Dreirad

трёхколесный велосипед

der Teddy

плюшевый медвежонок

der Kleiderschrank

шкаф для одежды

die Kleidung

одежда

die Socken

носки

die Strümpfe

чулки

die Strumpfhose

колготки

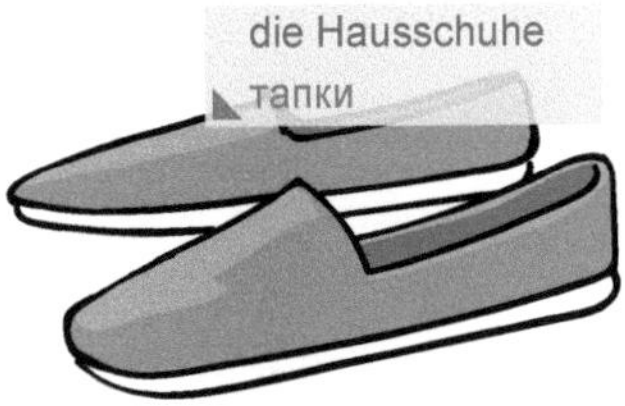

der Schal
шарф

der Regenschirm
зонтик

das T-Shirt
футболка

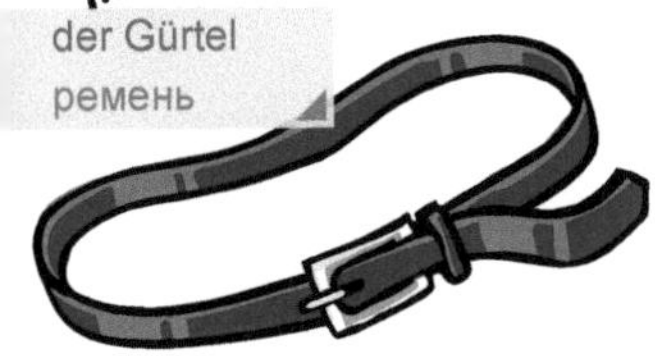

der Gürtel
ремень

der Stiefel
сапоги

die Hausschuhe
тапки

die Turnschuhe
кроссовки

die Sandalen
сандалии

die Schuhe
ботинки

die Gummistiefel
резиновые сапоги

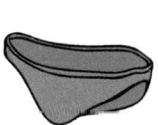

die Unterhose
трусы

der Büstenhalter
бюстгальтер

das Unterhemd
майка

der Body
боди

die Hose
брюки

die Jeans
джинсы

der Rock
юбка

die Bluse
блузка

das Hemd
рубашка

der Pullover
свитер

der Kapuzenpullover
свитер

der Blazer
спортивная куртка

die Jacke
жакет

der Mantel
пальто

der Regenmantel
плащ

das Kostüm
костюм

das Kleid
платье

das Hochzeitskleid
свадебное платье

der Anzug

мужской костюм

das Nachthemd

ночная сорочка

der Schlafanzug

пижама

der Sari

сари

das Kopftuch

платок

der Turban

тюрбан

die Burka

паранджа

der Kaftan

кафтан

die Abaya

абайя

der Badeanzug

купальник

die Badehose

плавки

die kurze Hose

шорты

der Trainingsanzug

спортивный костюм

die Schürze

фартук

die Handschuhe

перчатки

der Knopf

пуговица

die Brille

очки

das Armband

браслет

die Halskette

цепочка

der Ring

кольцо

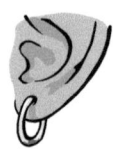

der Ohrring

серьга

die Mütze

шапка

der Kleiderbügel

вешалка

der Hut

шляпа

die Krawatte

галстук

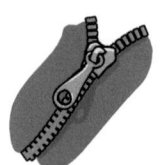

der Reißverschluss

застежка молния

der Helm

шлем

der Hosenträger

подтяжки

die Schuluniform

школьная форма

die Uniform

форма

das Lätzchen

детский нагрудник

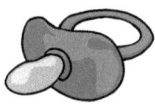

der Schnuller

соска

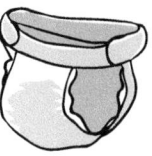

die Windel

подгузник

das Büro

офис

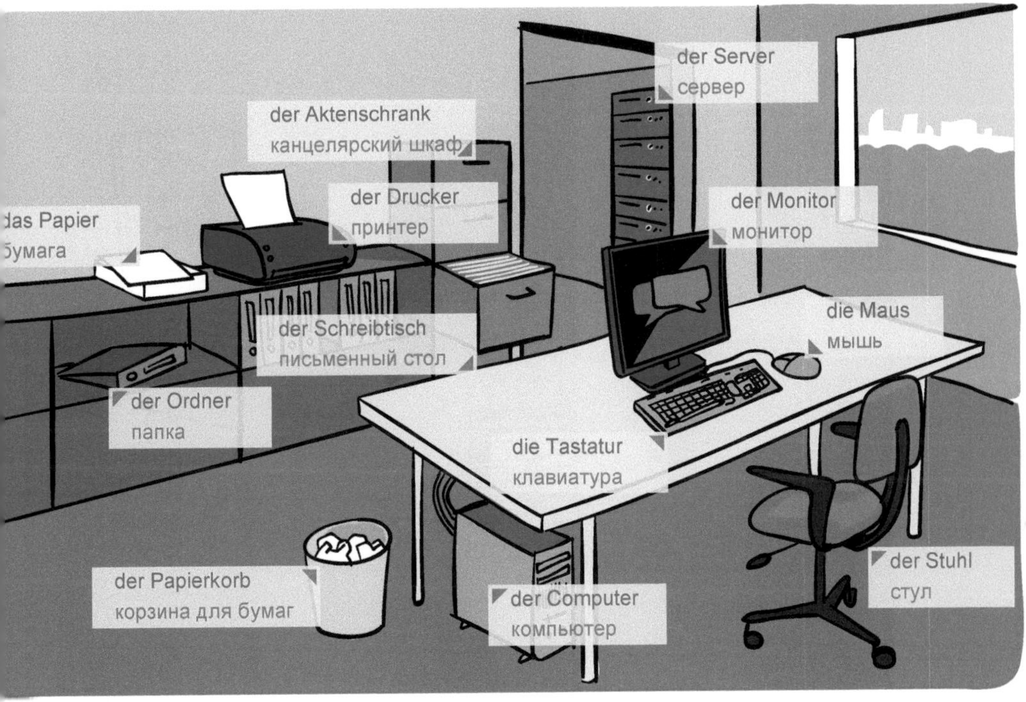

der Server
сервер

der Aktenschrank
канцелярский шкаф

der Drucker
принтер

das Papier
бумага

der Monitor
монитор

der Schreibtisch
письменный стол

die Maus
мышь

der Ordner
папка

die Tastatur
клавиатура

der Papierkorb
корзина для бумаг

der Computer
компьютер

der Stuhl
стул

der Kaffeebecher

кофейная кружка

der Taschenrechner

калькулятор

das Internet

интернет

der Laptop

ноутбук

der Brief

письмо

die Nachricht

сообщение

das Handy

мобильный телефон

das Netzwerk

сеть

der Kopierer

ксерокс

die Software

программа

das Telefon

телефон

die Steckdose

розетка

das Fax

факс

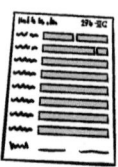

das Formular

формуляр

das Dokument

документ

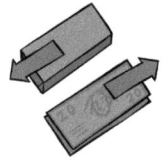

kaufen

покупать

bezahlen

платить

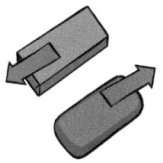

handeln

торговать

das Geld

деньги

der Dollar

доллар

der Euro

евро

der Yen

иена

der Rubel

рубль

der Franken

франк

der Renminbi Yuan

жэньминьби юань

die Rupie

рупия

der Geldautomat

банкомат

die Wechselstube

пункт обмена валюты

das Gold

золото

das Silber

серебро

das Öl

нефть

die Energie

энергия

der Preis

цена

der Vertrag

договор

die Steuer

налог

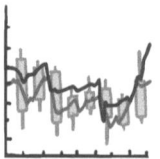

die Aktie

акция

arbeiten

работать

der Angestellte

служащий

der Arbeitgeber

работодатель

die Fabrik

фабрика

das Geschäft

магазин

die Berufe
профессии

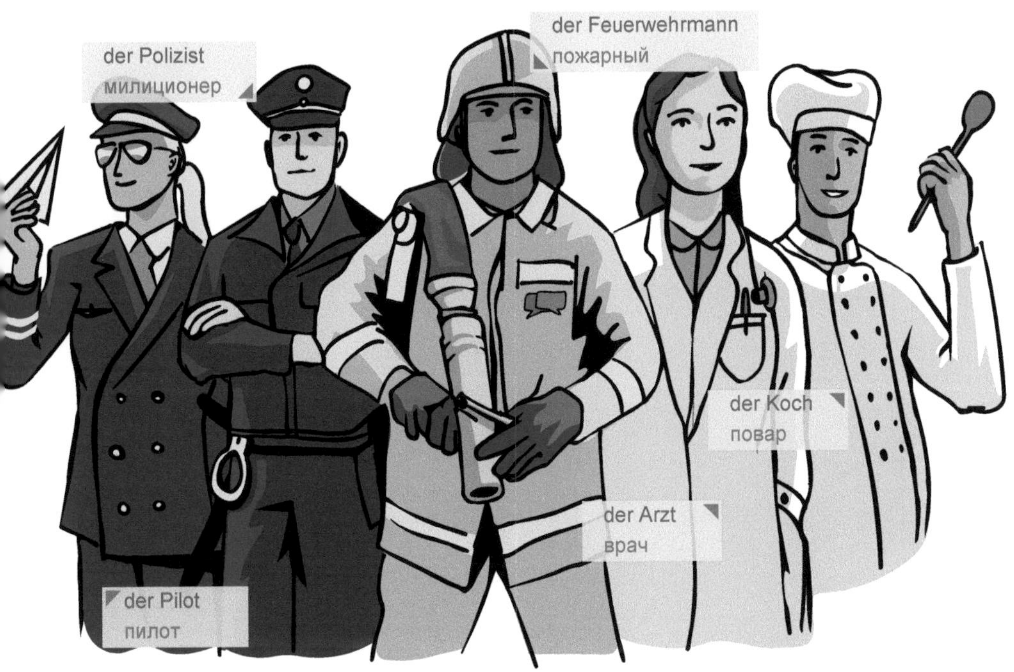
der Polizist
милиционер
der Feuerwehrmann
пожарный
der Koch
повар
der Arzt
врач
der Pilot
пилот

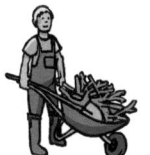

der Gärtner

садовник

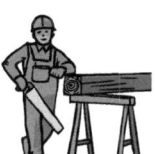

der Tischler

столяр

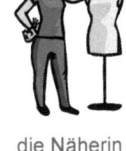

die Näherin

швея

der Richter

судья

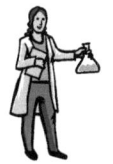

der Chemiker

химик

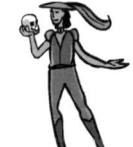

der Schauspieler

актёр

der Busfahrer

водитель автобуса

der Taxifahrer

таксист

der Fischer

рыбак

die Putzfrau

уборщица

der Dachdecker

кровельщик

der Kellner

официант

der Jäger

охотник

der Maler

художник

der Bäcker

пекарь

der Elektriker

электрик

der Bauarbeiter

строитель

der Ingenieur

инженер

der Schlachter

мясник

der Klempner

сантехник

der Postbote

почтальон

der Soldat

солдат

der Architekt

архитектор

der Kassierer

кассир

der Florist

флорист

der Friseur

парикмахер

der Schaffner

кондуктор

der Mechaniker

механик

der Kapitän

капитан

der Zahnarzt

зубной врач

der Wissenschaftler

ученый

der Rabbi

раввин

der Imam

имам

der Mönch

монах

der Geistliche

священник

die Werkzeuge
инструменты

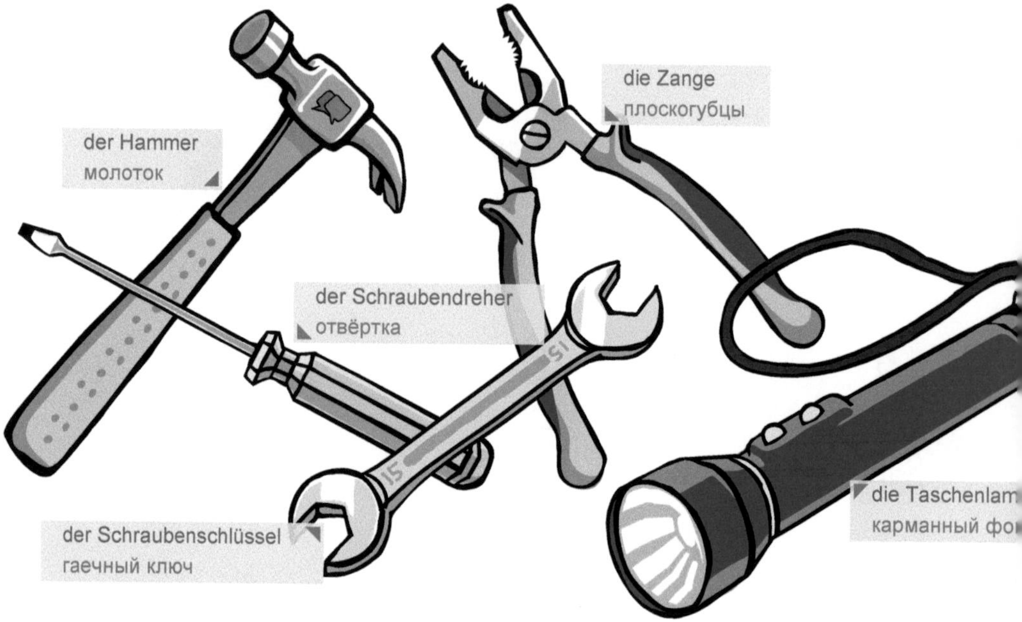

der Hammer
молоток
die Zange
плоскогубцы
der Schraubendreher
отвёртка
der Schraubenschlüssel
гаечный ключ
die Taschenlam
карманный фо

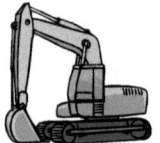

der Bagger

экскаватор

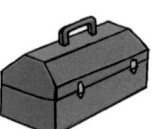

der Werkzeugkasten

ящик для инструментов

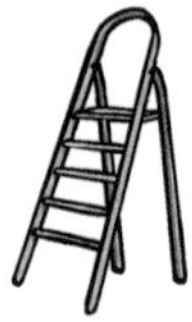

die Leiter

стремянка

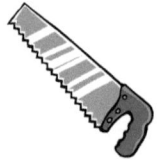

die Säge

пила

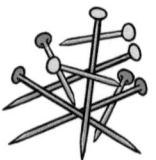

die Nägel

гвозди

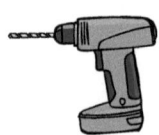

der Bohrer

дрель

reparieren
ремонтировать

die Schaufel
лопата

Mist!
Блин!

das Kehrblech
совок

der Farbtopf
ведро с краской

die Schrauben
винты

die Musikinstrumente
музыкальные инструменты

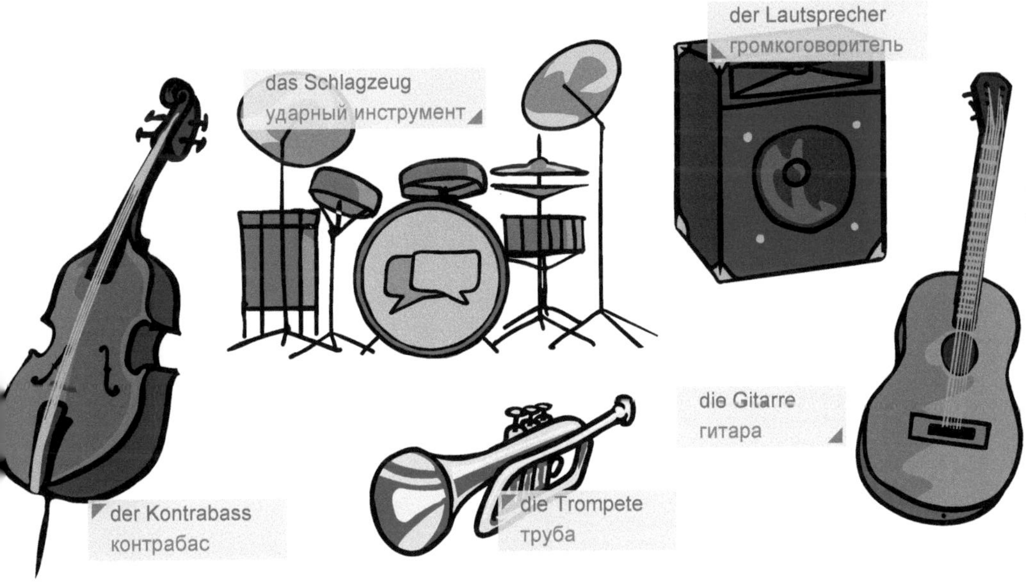

der Lautsprecher
громкоговоритель

das Schlagzeug
ударный инструмент

die Gitarre
гитара

der Kontrabass
контрабас

die Trompete
труба

das Klavier

пианино

die Violine

скрипка

der Bass

бас-гитара

die Pauke

литавры

die Trommeln

барабан

das Keyboard

синтезатор

das Saxophon

саксофон

die Flöte

флейта

das Mikrofon

микрофон

der Zoo
зоопарк

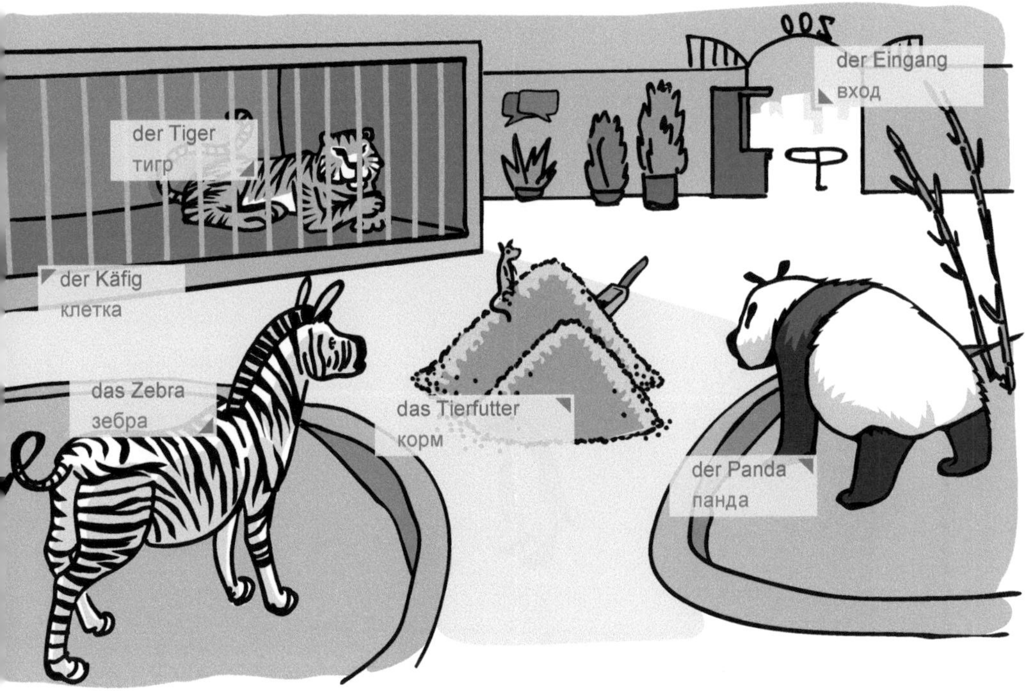
der Eingang
вход
der Tiger
тигр
der Käfig
клетка
das Zebra
зебра
das Tierfutter
корм
der Panda
панда

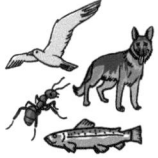

die Tiere

животные

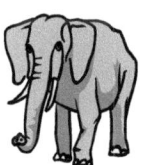

der Elefant

слон

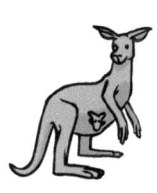

das Känguruh

кенгуру

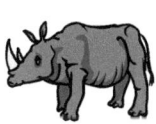

das Nashorn

носорог

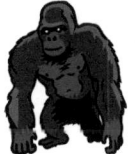

der Gorilla

горилла

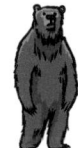

der Bär

медведь

das Kamel

верблюд

der Strauß

страус

der Löwe

лев

der Affe

обезьяна

der Flamingo

фламинго

der Papagei

попугай

der Eisbär

белый медведь

der Pinguin

пингвин

der Hai

акула

der Pfau

павлин

die Schlange

змея

das Krokodil

крокодил

der Zoowärter

служитель зоопарка

die Robbe

тюлень

der Jaguar

ягуар

der Zoo - зоопарк

das Pony

пони

der Leopard

леопард

das Nilpferd

бегемот

die Giraffe

жираф

der Adler

орёл

das Wildschwein

кабан

der Fisch

рыба

die Schildkröte

черепаха

das Walross

морж

der Fuchs

лиса

die Gazelle

газель

der Sport
спорт

das American Football
американский футбол

das Radfahren
езда на велосипеде

das Tennis
теннис

der Basketball
баскетбол

das Schwimmen
плавание

das Boxen
бокс

das Eishockey
хоккей

der Fußball
футбол

das Badminton
бадминтон

die Leichtathletik
лёгкая атлетика

der Handball
гандбол

das Skilaufen
лыжный спорт

das Polo
поло

die Aktivitäten
действия

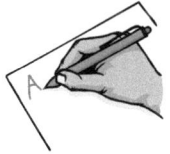

lachen
смеяться
springen
прыгать
umarmen
обнимать
gehen
идти
singen
петь
träumen
мечтать
beten
молиться
küssen
целовать

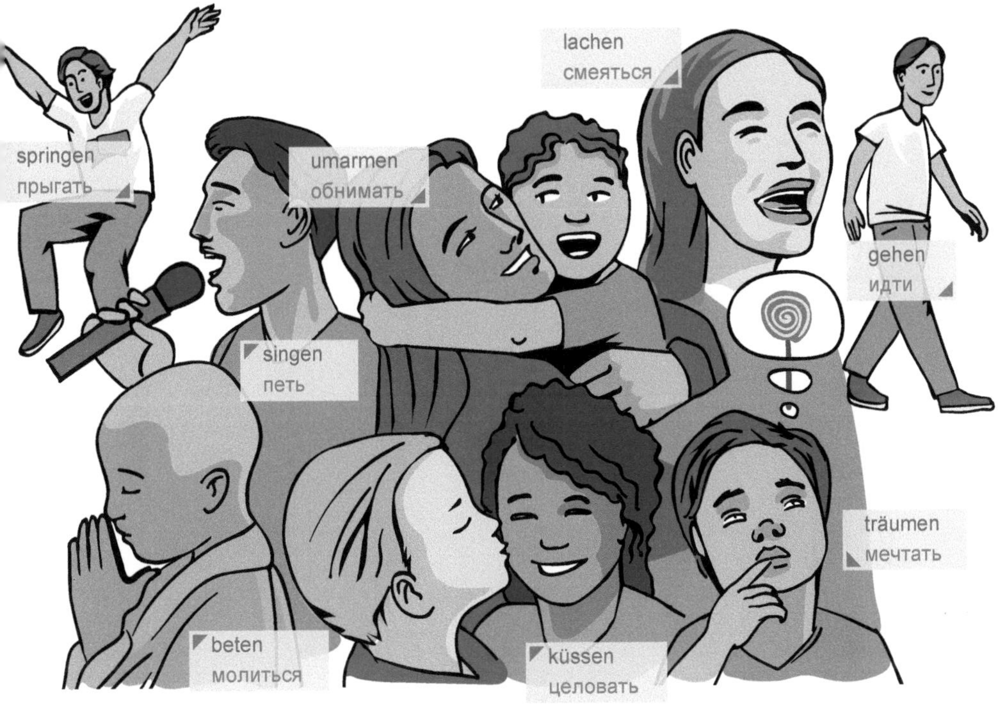

schreiben
писать

zeichnen
рисовать

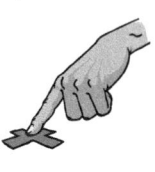

zeigen
показывать

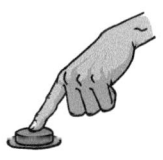

drücken
нажимать

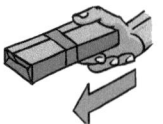

geben
давать

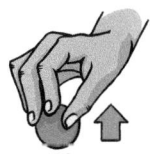

nehmen
брать

haben

иметь

tun

делать

sein

быть

stehen

стоять

laufen

бежать

ziehen

тянуть

werfen

бросать

fallen

падать

liegen

лежать

warten

ждать

tragen

носить

sitzen

сидеть

anziehen

надевать

schlafen

спать

aufwachen

просыпаться

ansehen

рассматривать

weinen

плакать

streicheln

гладить

kämmen

причесывать

reden

говорить

verstehen

понимать

fragen

спрашивать

hören

слушать

trinken

пить

essen

кушать

aufräumen

наводить порядок

lieben

любить

kochen

готовить

fahren

ехать

fliegen

летать

segeln

ходить под парусом

rechnen

считать

lesen

читать

lernen

учиться

arbeiten

работать

heiraten

вступать в брак

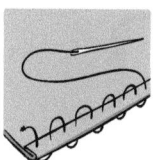

nähen

шить

Zähne putzen

чистить зубы

töten

убивать

rauchen

курить

senden

отправлять

die Familie

семья

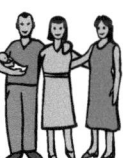

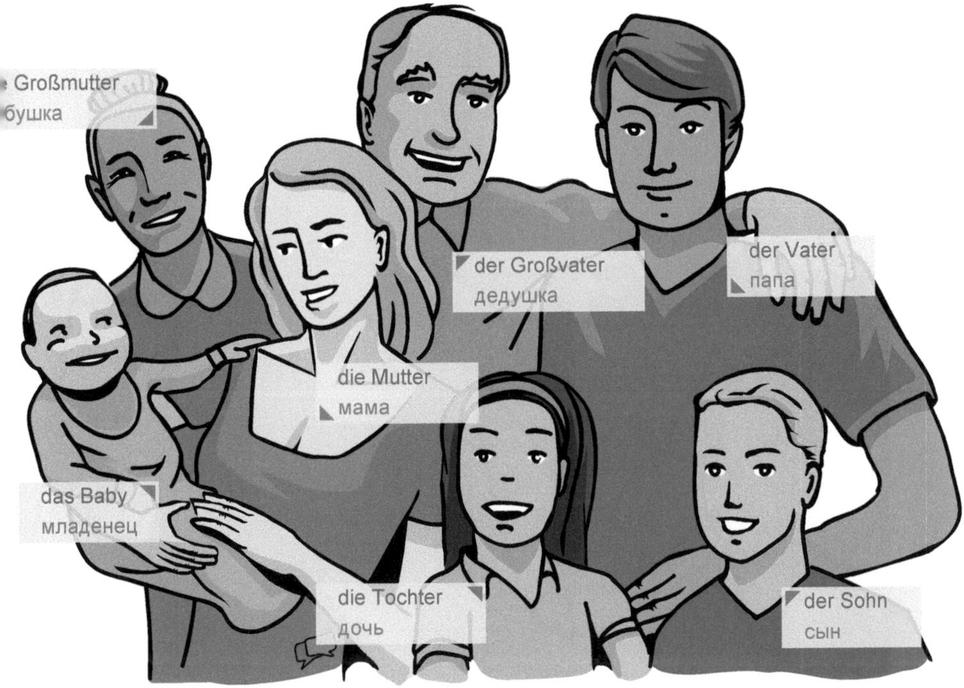
Großmutter
бушка
der Großvater
дедушка
der Vater
папа
die Mutter
мама
das Baby
младенец
die Tochter
дочь
der Sohn
сын

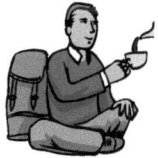

der Gast

гость

die Tante

тетя

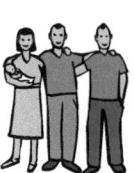

der Onkel

дядя

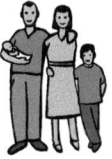

der Bruder

брат

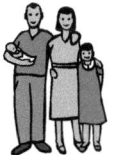

die Schwester

сестра

der Körper
тело

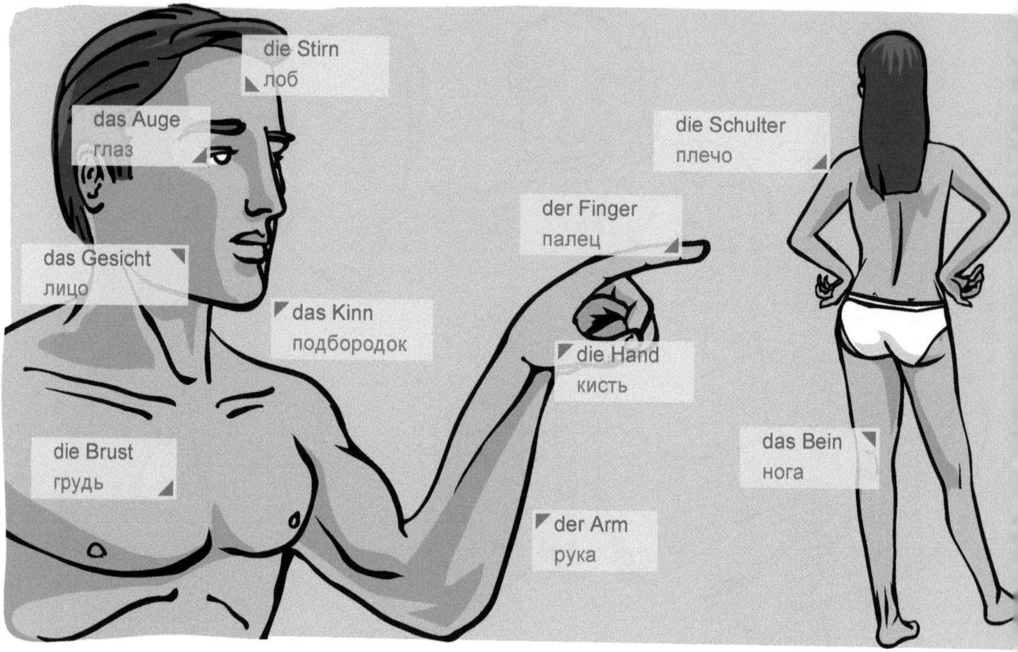

die Stirn
лоб

das Auge
глаз

die Schulter
плечо

der Finger
палец

das Gesicht
лицо

das Kinn
подбородок

die Hand
кисть

die Brust
грудь

das Bein
нога

der Arm
рука

das Baby

младенец

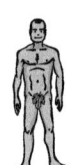

der Mann

мужчина

die Frau

женщина

das Mädchen

девочка

der Junge

мальчик

der Kopf

голова

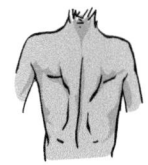

der Rücken

спина

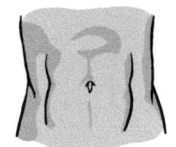

der Bauch

живот

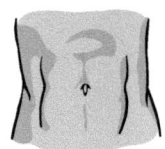

der Nabel

пупок

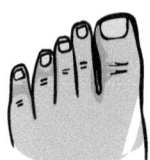

der Zeh

палец ноги

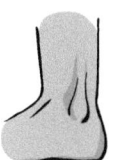

die Ferse

пятка

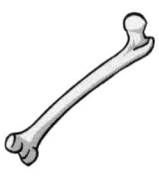

der Knochen

кость

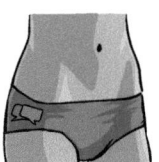

die Hüfte

бедро

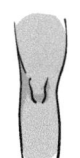

das Knie

колено

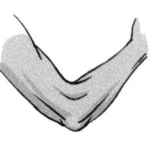

der Ellenbogen

локоть

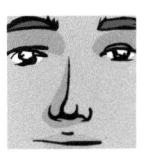

die Nase

нос

das Gesäß

ягодицы

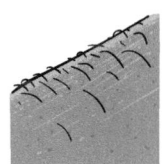

die Haut

кожа

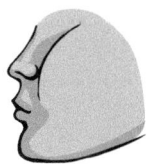

die Wange

щека

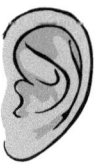

das Ohr

ухо

die Lippe

губа

der Körper - тело

69

der Mund

рот

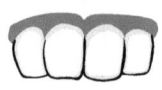

der Zahn

зуб

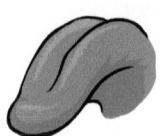

die Zunge

язык

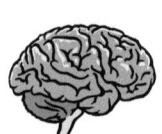

das Gehirn

мозг

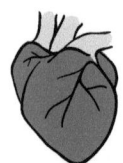

das Herz

сердце

der Muskel

мышца

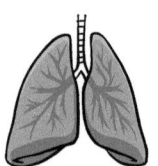

die Lunge

лёгкое

die Leber

печень

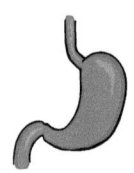

der Magen

желудок

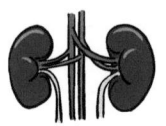

die Nieren

почки

der Geschlechtsverkehr

половой акт

das Kondom

презерватив

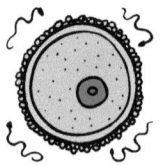

die Eizelle

яйцеклетка

das Sperma

сперма

die Schwangerschaft

беременность

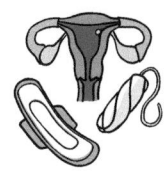

die Menstruation

менструация

die Vagina

вагина

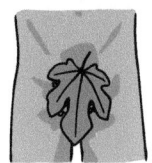

der Penis

пенис

die Augenbraue

бровь

das Haar

волосы

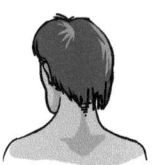

der Hals

шея

das Krankenhaus
больница

das Krankenhaus
больница

der Krankenwagen
машина скорой помощи

der Rollstuhl
кресло-каталка

der Bruch
перелом

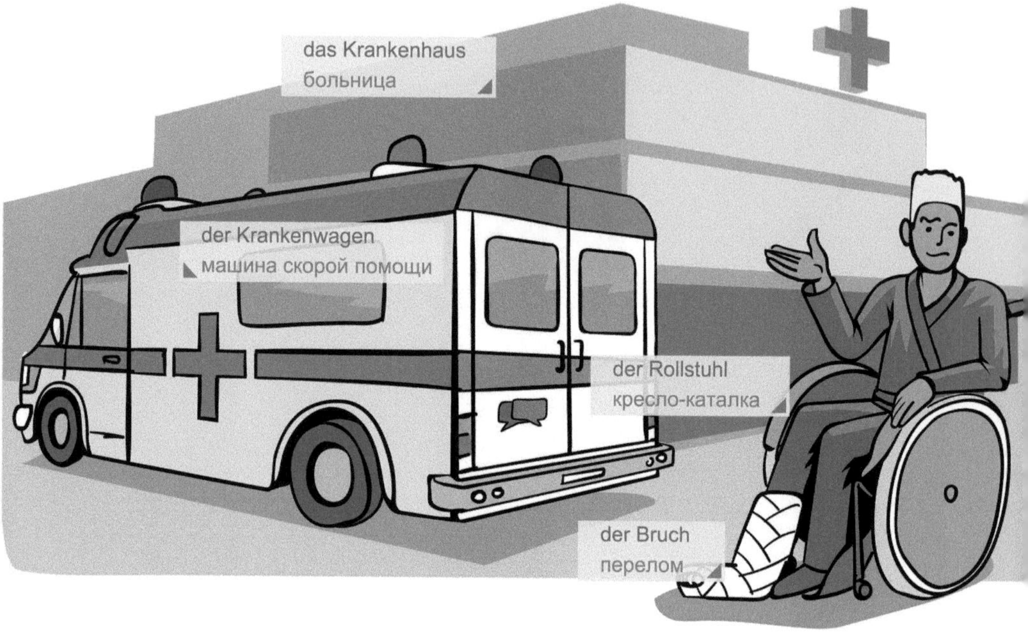

der Arzt

врач

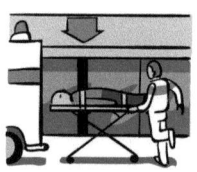

die Notaufnahme

пункт первой помощи

die Krankenschwester

медсестра

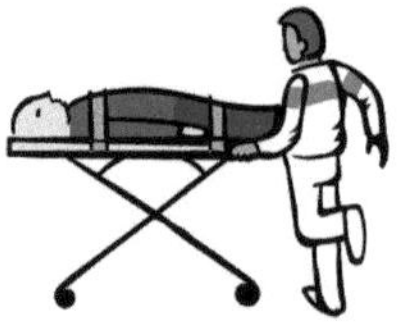

der Notfall

неотложный случай

ohnmächtig

без сознания

der Schmerz

боль

die Verletzung

повреждение

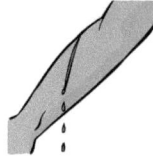

die Blutung

кровотечение

der Herzinfarkt

инфаркт

der Schlaganfall

инсульт

die Allergie

аллергия

der Husten

кашель

das Fieber

овышенная температура

die Grippe

грипп

der Durchfall

понос

die Kopfschmerzen

головная боль

der Krebs

рак

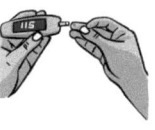

die Diabetis

диабет

der Chirurg

хирург

das Skalpell

скальпель

die Operation

операция

das CT

КТ

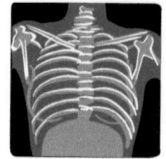

das Röntgen

рентген

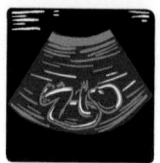

das Ultraschall

ультразвук

die Maske

маска

die Krankheit

болезнь

das Wartezimmer

приёмная

die Krücke

костыль

das Pflaster

пластырь

der Verband

бинт

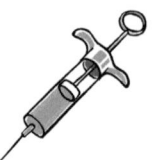

die Injektion

укол

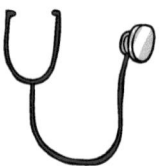

das Stethoskop

стетоскоп

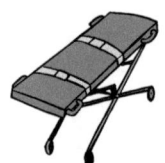

die Trage

носилки

das Thermometer

термометр

die Geburt

рождение

das Übergewicht

избыточный вес

das Hörgerät

слуховой аппарат

das Desinfektionsmittel

дезинфекционное средство

die Infektion

инфекция

das Virus

вирус

das HIV / AIDS

ВИЧ / СПИД

die Medizin

лекарство

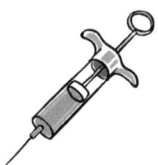

die Impfung

прививка

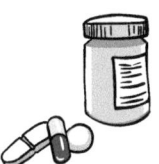

die Tabletten

таблетки

die Pille

противозачаточная таблетка

der Notruf

экстренный вызов

das Blutdruck-Messgerät

прибор для измерения кровяного давления

krank / gesund

больной / здоровый

der Alarm

сигнал тревоги

der Überfall

нападение

Hilfe!

Помогите!

der Angriff

атака

die Gefahr

опасность

der Notausgang

запасной выход

Feuer!

Пожар!

der Feuerlöscher

огнетушитель

der Unfall

несчастный случай

der Erste-Hilfe-Koffer

аптечка

SOS

SOS

die Polizei

милиция

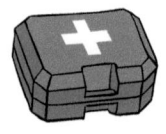

das Europa

Европа

das Nordamerika

Северная Америка

das Südamerika

Южная Америка

das Afrika

Африка

das Asien

Азия

das Australien

Австралия

der Atlantik

Атлантический океан

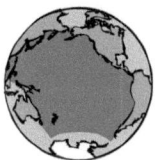

der Pazifik

Тихий океан

der Indische Ozean

Индийский океан

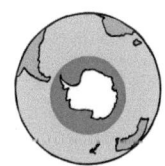

der Antarktische Ozean

Антарктический океан

der Arktische Ozean

Северный Ледовитый
океан

der Nordpol

Северный полюс

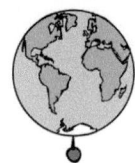

der Südpol

Южный полюс

die Antarktis

Антарктика

die Erde

земля

das Land

суша

das Meer

море

die Insel

остров

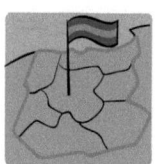

die Nation

нация

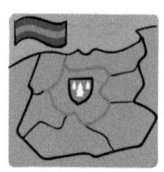

der Staat

государство

das Zifferblatt

циферблат

der Stundenzeiger

часовая стрелка

der Minutenzeiger

минутная стрелка

der Sekundenzeiger

секундная стрелка

Wie spät ist es?

Который час?

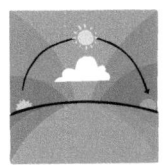

der Tag

день

die Zeit

время

jetzt

сейчас

die Digitaluhr

электронные часы

die Minute

минута

die Stunde

час

die Woche

неделя

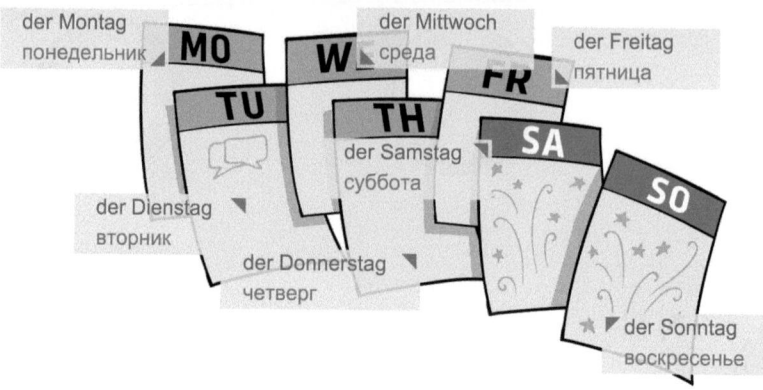

der Montag
понедельник

der Mittwoch
среда

der Freitag
пятница

der Dienstag
вторник

der Samstag
суббота

der Donnerstag
четверг

der Sonntag
воскресенье

gestern

вчера

heute

сегодня

morgen

завтра

der Morgen

утро

der Mittag

полдень

der Abend

вечер

die Arbeitstage

рабочие дни

das Wochenende

выходные

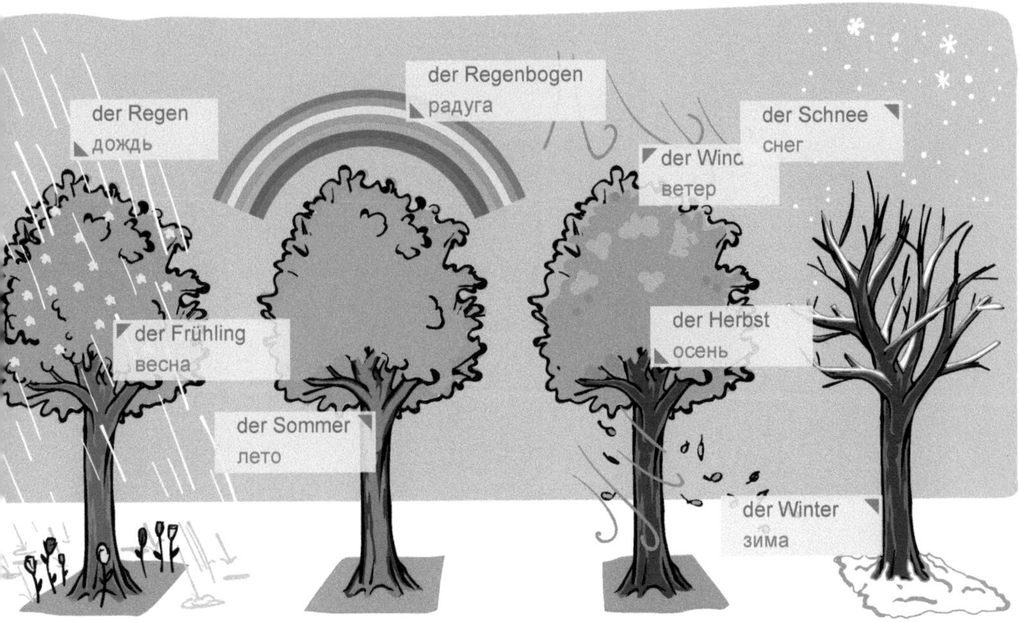

der Regen
дождь

der Regenbogen
радуга

der Schnee
снег

der Wind
ветер

der Frühling
весна

der Herbst
осень

der Sommer
лето

der Winter
зима

die Wettervorhersage

прогноз погоды

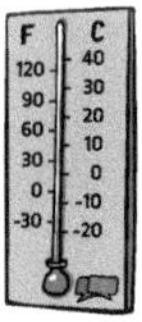

das Thermometer

термометр

der Sonnenschein

солнечный свет

die Wolke

туча

der Nebel

туман

die Luftfeuchtigkeit

влажность воздуха

der Blitz

молния

der Donner

гром

der Sturm

буря

der Hagel

град

der Monsun

муссон

die Flut

наводнение

das Eis

лёд

der Januar

январь

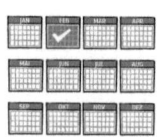

der Februar

февраль

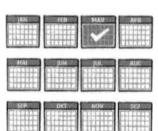

der März

март

der April

апрель

der Mai

май

der Juni

июнь

der Juli

июль

der August

август

das Jahr - год

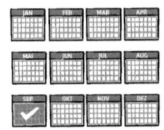

der September
....
сентябрь

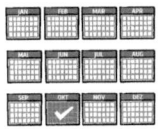

der Oktober
....
октябрь

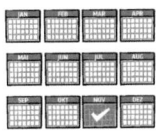

der November
....
ноябрь

der Dezember
....
декабрь

die Formen

формы

der Kreis
....
круг

das Quadrat
....
квадрат

das Rechteck
....
прямоугольник

das Dreieck
....
треугольник

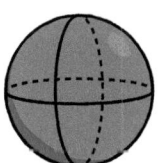

die Kugel
....
шар

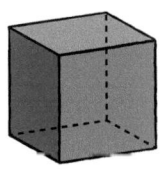

der Würfel
....
куб

weiß

белый

gelb

желтый

orange

оранжевый

pink

розовый

rot

красный

lila

лиловый

blau

синий

grün

зелёный

braun

коричневый

grau

серый

schwarz

черный

die Gegenteile
противоположности

viel / wenig

много / мало

wütend / friedlich

яростный / мирный

hübsch / hässlich

красивый / уродливый

der Anfang / das Ende

начало / конец

groß / klein

большой / маленький

hell / dunkel

светлый / темный

der Bruder / die Schwester

брат / сестра

sauber / schmutzig

чистый / грязный

vollständig / unvollständig

полный / неполный

der Tag / die Nacht

день / ночь

tot / lebendig

мёртвый / живой

breit / schmal

широкий / узкий

genießbar / ungenießbar

съедобный / несъедобный

böse / freundlich

злой / дружелюбный

aufgeregt / gelangweilt

взволнованный / скучающий

dick / dünn

толстый / худой

zuerst / zuletzt

сначала / в конце

der Freund / der Feind

друг / враг

voll / leer

полный / пустой

hart / weich

твёрдый / мягкий

schwer / leicht

тяжёлый / легкий

der Hunger / der Durst

голод / жажда

krank / gesund

больной / здоровый

illegal / legal

незаконный / законный

intelligent / dumm

умный / глупый

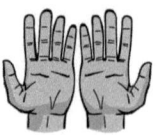

links / rechts

слева / справа

nah / fern

близко / далеко

neu / gebraucht

новый / подержанный

nichts / etwas

ничто / нечто

alt / jung

старый / молодой

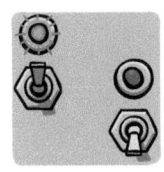

an / aus

включено / выключено

offen / geschlossen

открыто / закрыто

leise / laut

тихо / громко

reich / arm

богатый / бедный

richtig / falsch

правильный / неправильный

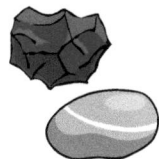

rau / glatt

шероховатый / гладкий

traurig / glücklich

печальный / счастливый

kurz / lang

короткий / длинный

langsam / schnell

медленный / быстрый

nass / trocken

мокрый / сухой

warm / kühl

тёплый / прохладный

der Krieg / der Frieden

война / мир

die Zahlen
цифры

0

null

ноль

1

eins

один

2

zwei

два

3

drei

три

4

vier

четыре

5

fünf

пять

6

sechs

шесть

7

sieben

семь

8

acht

восемь

9

neun

девять

10

zehn

десять

11

elf

одиннадцать

12	**13**	**14**
zwölf	dreizehn	vierzehn
двенадцать	тринадцать	четырнадцать

15	**16**	**17**
fünfzehn	sechzehn	siebzehn
пятнадцать	шестнадцать	семнадцать

18	**19**	**20**
achtzehn	neunzehn	zwanzig
восемнадцать	девятнадцать	двадцать

100	**1.000**	**1.000.000**
hundert	tausend	million
сто	тысяча	миллион

die Sprachen

Englisch

английский

Amerikanisches Englisch

американский английский

Chinesisch Mandarin

мандаринский китайский

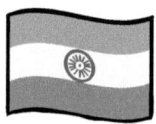

Hindi

хинди

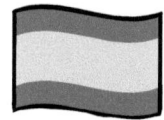

Spanisch

испанский

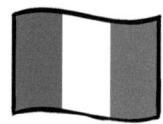

Französisch

французский

Arabisch

арабский

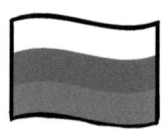

Russisch

русский

Portugiesisch

португальский

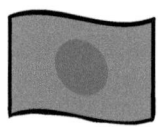

Bengalisch

бенгальский

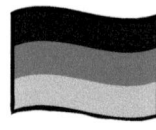

Deutsch

немецкий

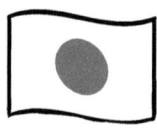

Japanisch

японский

ich

я

du

ты

er / sie / es

он / она / оно

wir

мы

ihr

вы

sie

они

wer?

кто?

was?

что?

wie?

как?

wo?

где?

wann?

когда?

HELLO, I AM

Name

имя

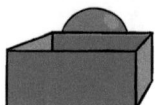

hinter

за

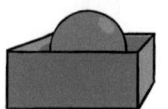

in

в

vor

перед

über

над

auf

на

unter

под

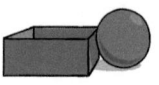

neben

рядом

zwischen

между

der Ort

место